송강 스님 영상 화두
꽃을 들다

도서출판 도반

꽃을 그리고
송이 송이 정성 모아
민 조 수선화 글

송강스님

- 한산 화엄(寒山華嚴)선사를 은사로 득도
- 화엄, 향곡, 성철, 경봉, 해산, 탄허, 석암 큰스님들로부터 선(禪), 교(敎), 율(律)을 지도 받으며 수행
- 중앙승가대학교에서 5년에 걸쳐 팔만대장경을 일람(一覽)
- BBS 불교라디오방송 '자비의 전화' 진행
- BTN 불교TV방송 '송강 스님의 기초교리 강좌' 진행
- 불교신문 '송강 스님의 백문백답' 연재
- 불교신문 '송강 스님의 마음으로 보기' 연재
- 불교신문 '다시 보는 금강경' 연재
- 『금강반야바라밀경』시리즈, 『송강스님의 백문백답』, 『송강스님의 인도 성지 순례』, 『송강스님의 미얀마 성지순례』 『경허선사 깨달음의 노래(悟道歌)』, 『삼조 승찬 대사 신심명(信心銘)』, 『송강스님이 완전히 새롭게 쓴 부처님의 생애』, 『초발심자경문』 출간
- 서울 강서구 개화산(開花山) 개화사(開華寺) 창건
- 현재 개화사 주지로 있으며, 인연 닿는 이들이 본래 면목을 깨달을 수 있도록 기초교리로부터 선어록에 이르기까지 다양한 강좌를 진행하고 있으며,
  차, 향, 음악, 정좌, 정념 등을 활용한 법회들을 통해 마음 치유와 수행을 지도하고 있음

봄을 세움(立春)

마음에 봄을 세운 사람에게는

맹추위 속에서도 봄이 보이고

모든 준비를 갖춘 사람에게는

행운이 먼저 인사하는 법이니.

◼ 사진 - 이른 봄 새잎을 매크로렌즈로 촬영한 것

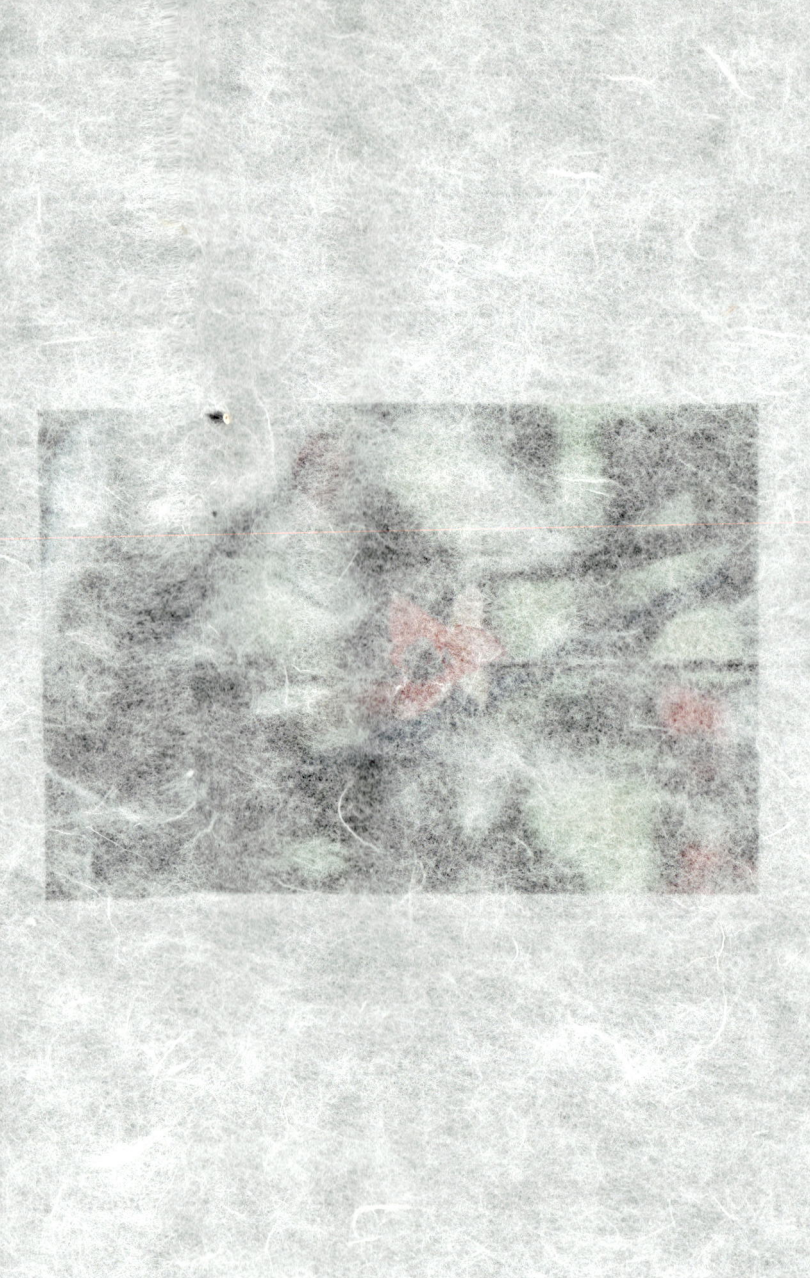

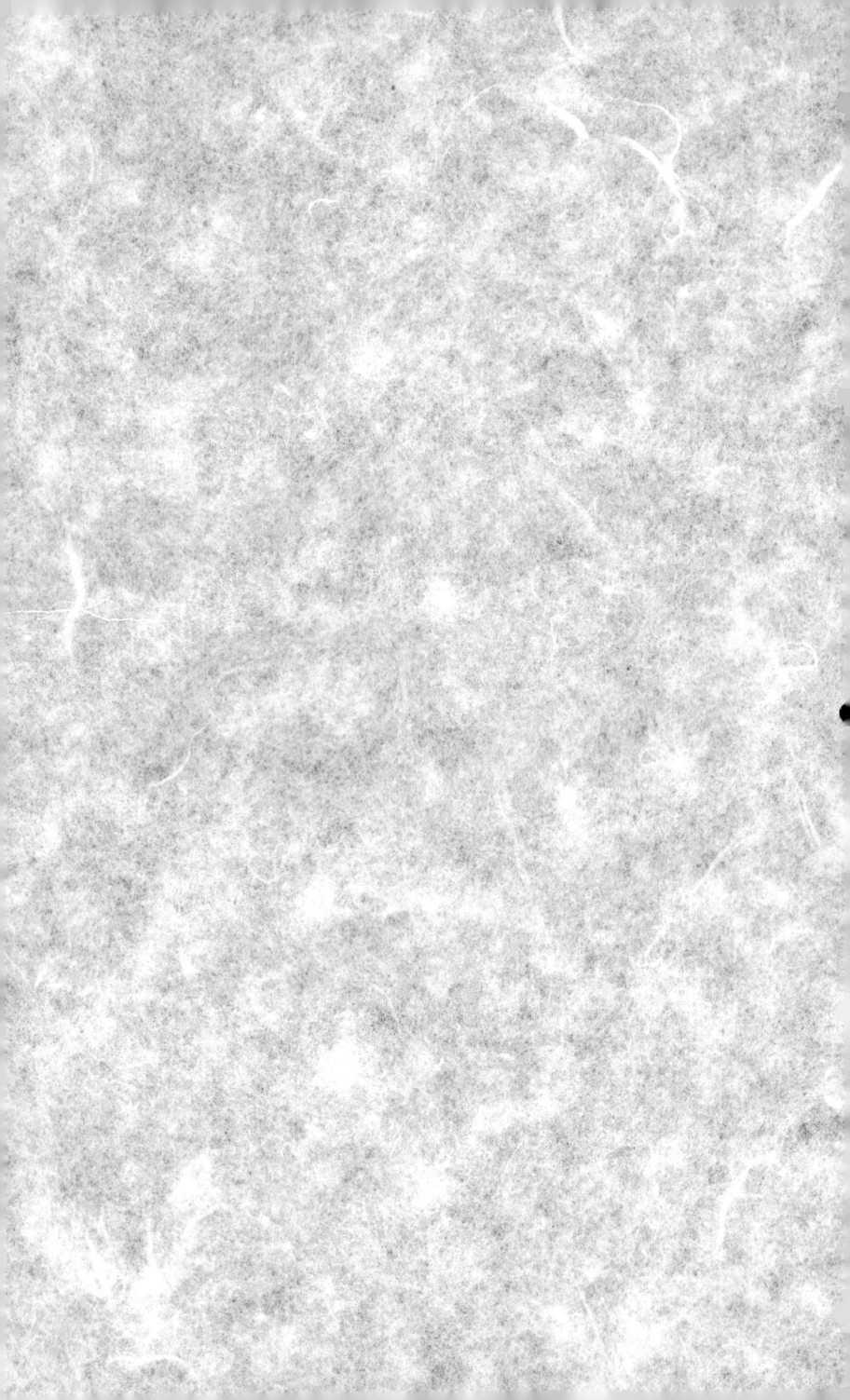

소식

무심코 쳐다본 뜰의 하늘에

전화도 문자도 없이 그렇게

봄이 와 버렸다.

놀러 왔던 화가 친구가

장난삼아

화선지에 선 긋고

물감 흩뿌려 놓고 간 듯이.

◾ 사진 - 뜰에서 기지개 켜다가 무심코 본 하늘에 마치 화선지에 수묵화처럼 산수유가 피어 있었다.

007

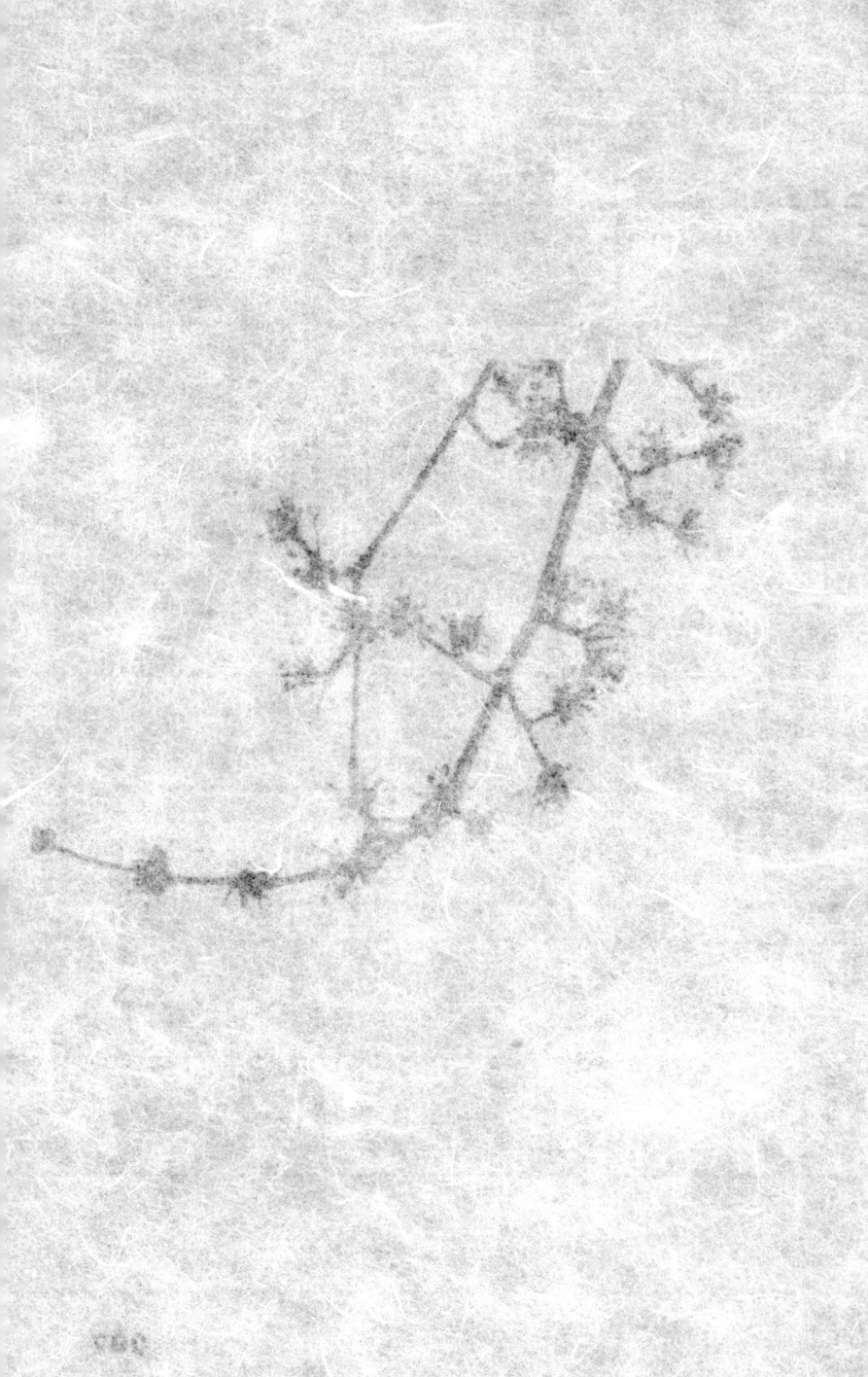

꽃은

천둥소리에 두려움 없이 눈을 뜨고
빗소리에 싫어함 없이 미소 짓는다.

■ 사진 - 천둥 치고 비 오는 날 꽃은 담담히 피어 있다.

환화(幻花)

허공에 빛으로 그 모습 나투고

문득 툭 놓고 해탈처럼 눕는구나.

■ 사진 - (1)개화사 앞뜰에 핀 나리꽃. (2)허공의 줄을 놓고 풀잎 위에 누운 나리꽃.

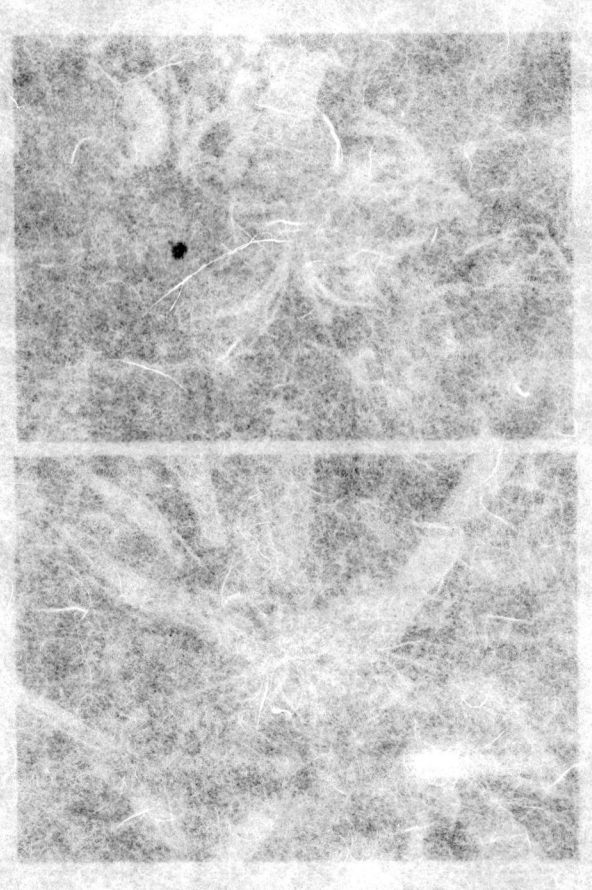

꽃을 들다

꽃을 보며

자신을 본다.

그럼

이제 되었다.

◾ 사진 - 비 개인 뒤의 연꽃

향기

흐린 하늘에 땅은 차고 바람은 거칠어,
애써 지은 움막을 순식간에 날리누나.
바랑 싸서 떠나려다 다시 힐끗 돌아보니,
매화 향기 그윽해라 눈 속에서 풍겨 오네.

▶ 1988년 이른 봄 정릉 봉국사에서 쓴 글.
▣ 사진 - 역광으로 촬영한 매화

정토(淨土)

한밤중에는 그저 어둠뿐이더니

아침 되니 그대 고운 자태로다.

어둠 가득한 마음 고해(苦海)더니

마음 가득 빛이니 정토(淨土)일레라.

◼ 사진 - 아침 산책길을 눈부시게 만들어 준 개나리꽃.

개화(開花)

무량수전 오르는 돌계단 틈바구니
몇 점 흙을 디디고 민들레 피었다.
처지에 대한 부질없는 한탄 따윈 접고
당당하게 제 그림자 더불어 대화를 한다.
"언제쯤 가섭존자처럼 사람들 우릴 보고 미소 지을까?"

▶ 가섭존자의 미소 - 석가모니 부처님께서 영취산 법문을 하실 때 말없이 꽃 한 송이를 드셨다. 영취산의 모든 대중들은 평상시처럼 부처님께서 다음 말씀을 하시리라 기대하고 있었는데, 부처님께서는 아무 말씀도 하지 않

으셨다. 대중들은 의아해했다. 그때 가섭존자가 빙그레 미소를 지었다. 그러자 부처님께서는 법문을 마치셨다.
■ 사진 - 개화사 무량수전 돌계단 가장 아래 틈바구니에 활짝 웃는 민들레.

일희일비(一喜一悲)

아침엔 꽃 피었다고 기뻐하더니

저녁엔 꽃 졌다고 슬퍼하는구나.

꽃이 그러한 줄을 몰랐더란 말인가.

그건 그렇고, 우리 자신은 어떠한가?

◾ 사진 - (1)아침 7시에 촬영한 양달개비 꽃. (2)점심 때 촬영한 동일한 양달개비 꽃.

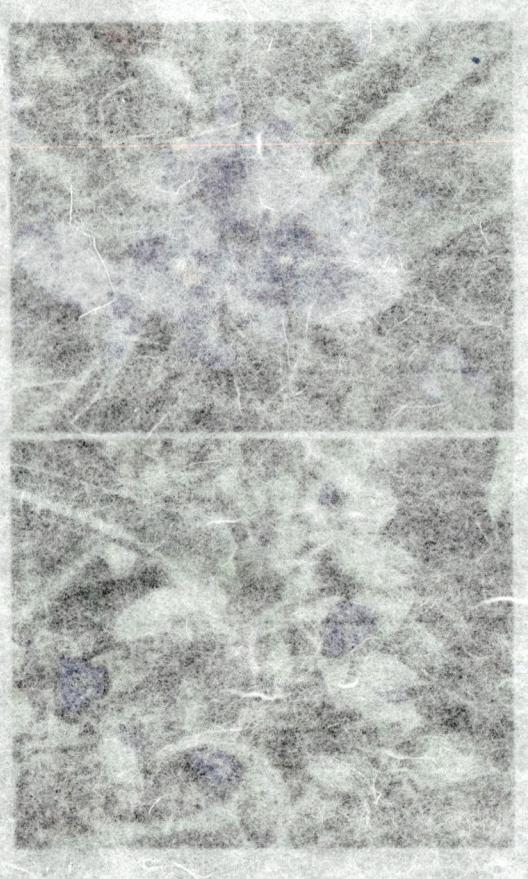

능소화(凌霄花)

마치 대기만성(大器晩成)의 수행자인양

꽃철 지난 무더위 녹음(綠陰) 그 위세 속에

불꽃같이 타오르는 용맹정진의 색으로 피어

모든 번뇌 몰록 놓아버린 그 적멸(寂滅)처럼

송이송이 미련 없이 툭툭 지는 능소화여!

■ 사진 - 개화사 일주문 옆 담벼락에 핀 능소화(凌霄花).

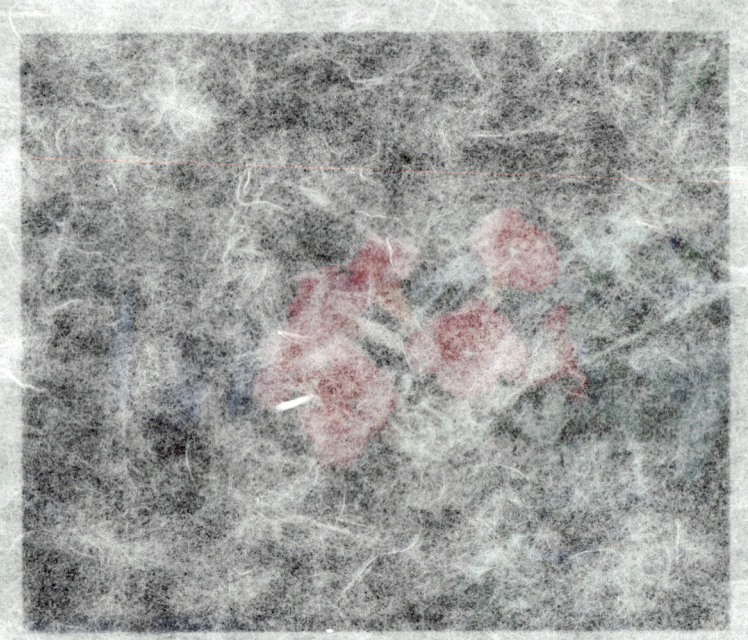

주인공(主人公)

꽃은

외딴곳에 홀로 있어도 외로워하지 않고

주근깨투성이라도 부끄러워하지 않으며

스포트라이트를 받아도 으스대지 않더라.

◧ 사진 - 개화사 외딴곳에 홀로 핀 꽃.

인기 – 스포트라이트

모두 그대만을 좋아한다고

착각하지 마시구려,

스포트라이트는 언제라도

다른 곳으로 옮겨갈 수 있으니….

▣ 사진 - 한 가지에 핀 꽃이지만 앞에 있는 명자나무 꽃 (산당화)에 초점을 맞추니 뒤의 꽃들이 흐리다.

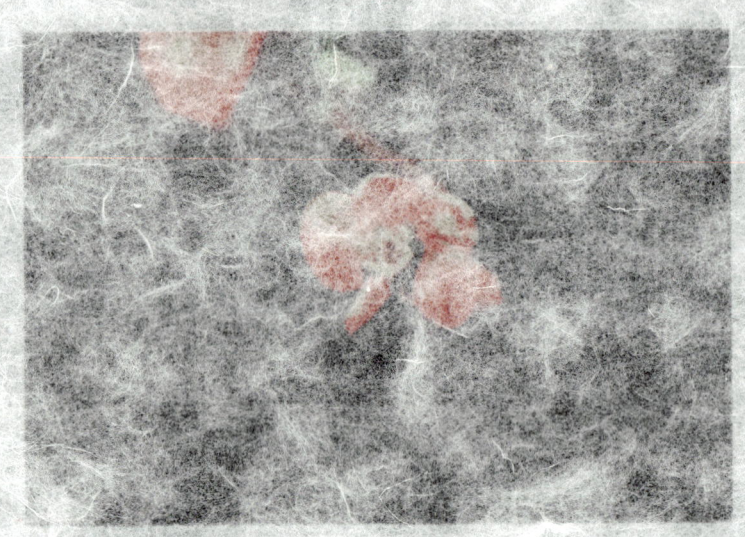

마음자리(心地)

꽃을 보고 곱다 기뻐하면

마음에 꽃밭이 만들어지고

쓰레기를 보고 화를 내면

마음에 쓰레기장 만들어진다.

마음 바탕 본디 맑고 깨끗하나

분별 따라 온갖 것이 출몰한다.

■ 사진 - 개화사 뜰에 핀 노란 나리꽃.

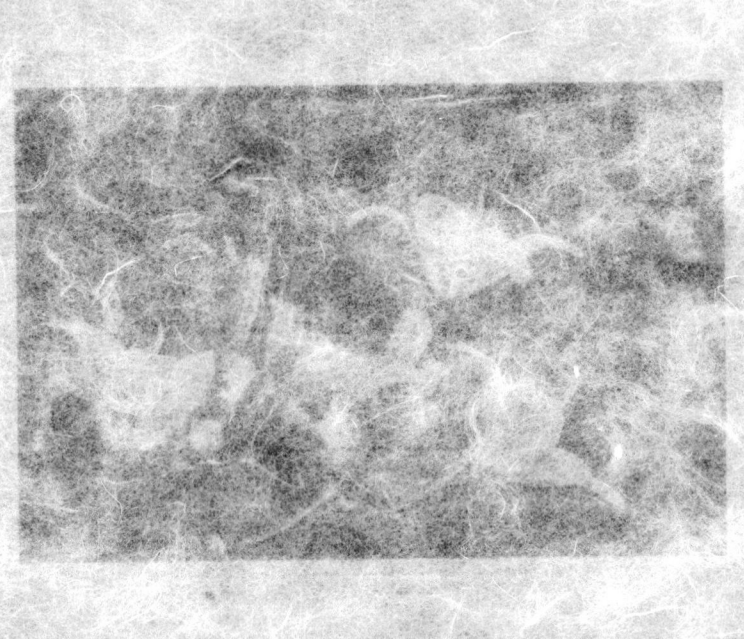

삶

사람들은 자기의 존재가 보잘것없다고
때론 좌절하기도 하고 포기하기도 하지만
풀밭 작은 생명들은 저를 알아주지 않아도
혼신의 힘을 다해 꽃 피우고 씨를 맺는다.

■ 사진 - 매크로렌즈로 확대해 촬영한 스위스 로이커바드
의 작은 야생화.

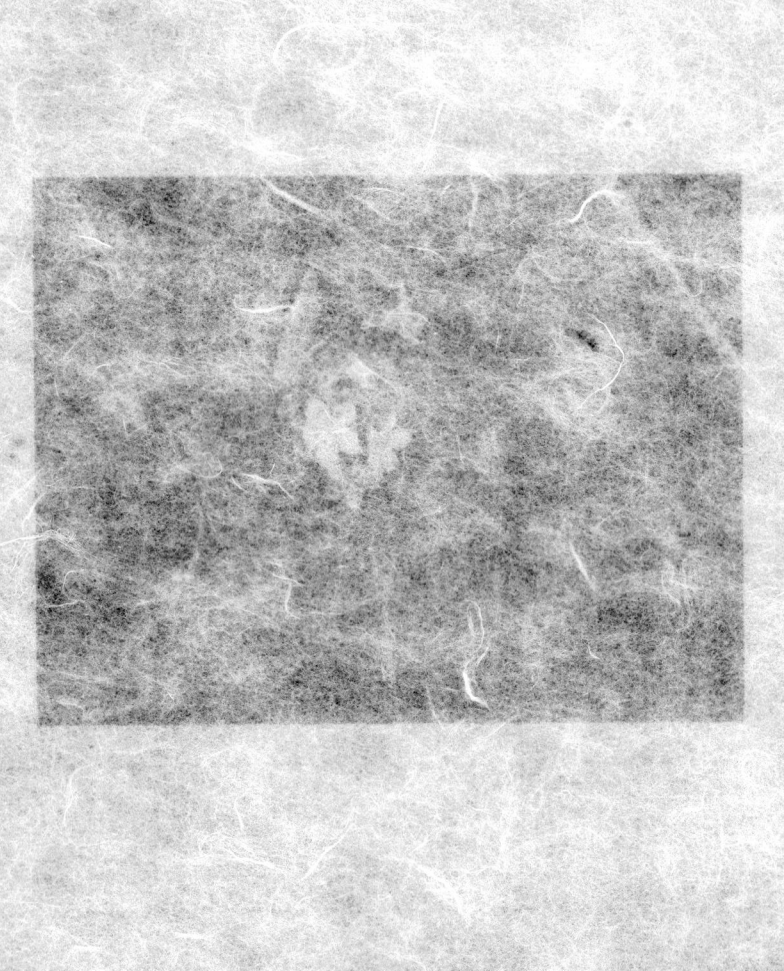

도량석

라일락 향기가
도량석(道場釋)을 한다.
겨울 눈보라에 힘들었다는
산수유보다 늦어 억울하다는
그런 투정 따위는
인간들이나 하는 것이라는 듯
그저
새벽 어둠 속에서
구김살 없이 활짝 웃고 있다.

▶ 도량석(道場釋) - 사찰에서 새벽에 목탁을 치면서 염불하는 것. 만물을 깨우는 의식.
◨ 사진 - 새벽 향기 따라가서 웃음 짓고 있는 라일락을 만났다.

어울림

사람들은 소통을 말하면서도

자신들과 다른 말 하면 적이라 하고

입으로는 조화를 강조하면서도

상대의 색깔 다르다고 꺾어버리려 하네.

문득 모든 생각 쉬고 뜰에 나서 보라.

천지자연은 이미 조화롭게 소통하느니.

■ 사진 - 뜰에 핀 장미는 굳이 한 몸임을 강조하지 않아도
서로 다른 색의 꽃과 어울려 조화롭게 피어 있다.

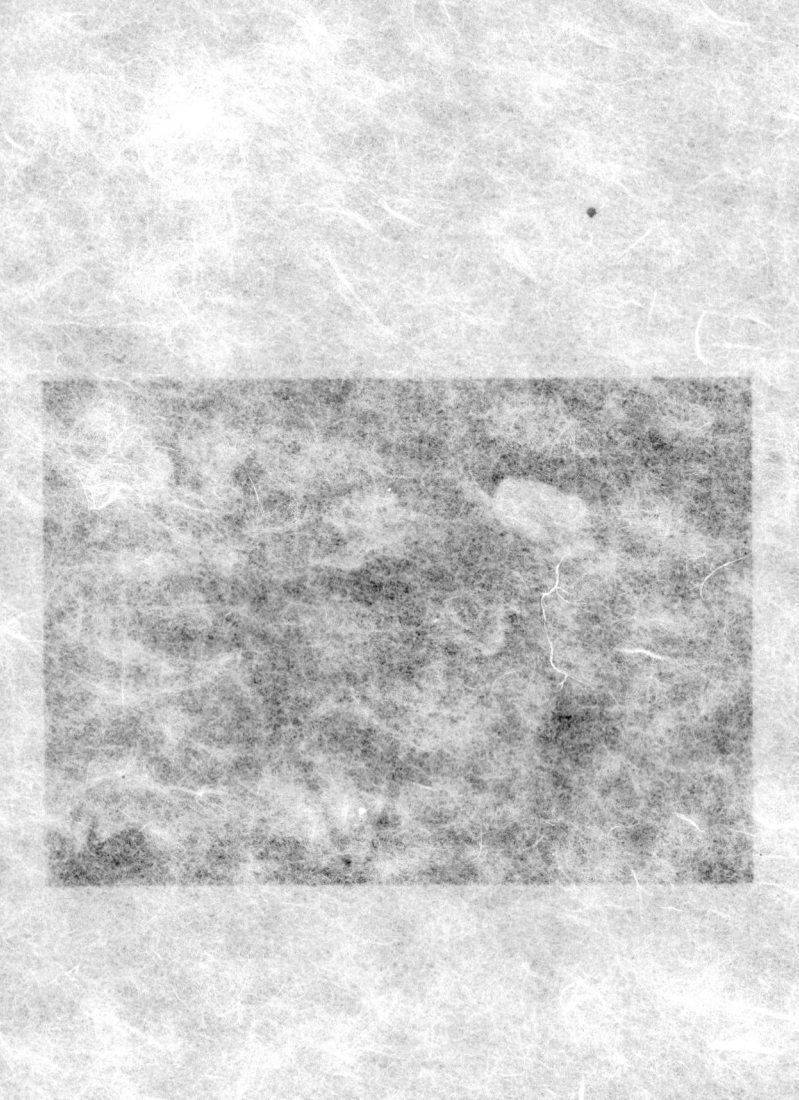

세상 엿보기

비록 같은 곳에 있어도

무엇을 보느냐에 따라

제각각

완전히 다른 세상을 볼 수 있나니.

■ 사진 - 독일 하이델베르크의 고성(古城)에 있는 성벽 감시구(監視口)를 통해 본 세상. 감시구의 원래 목적은 적이 공격해 오는 것을 감시하고 방어하기 위한 것.

통찰(洞察)

원하는 것 있다면 간절하게 찾아보소서.
나타날 때까지 무작정 기다리지 마시고
혼신의 힘을 다해 살피면 보일 것이외다.

■ 사진 - (1) 풀밭에 얼굴을 가까이 대면 보이는 2mm 크기의 꽃마리- 매크로렌즈로 촬영, (2)꽃마리 작은 꽃이 있는 풀밭을 선 자세에서 바라본 것 - 표준렌즈로 촬영.

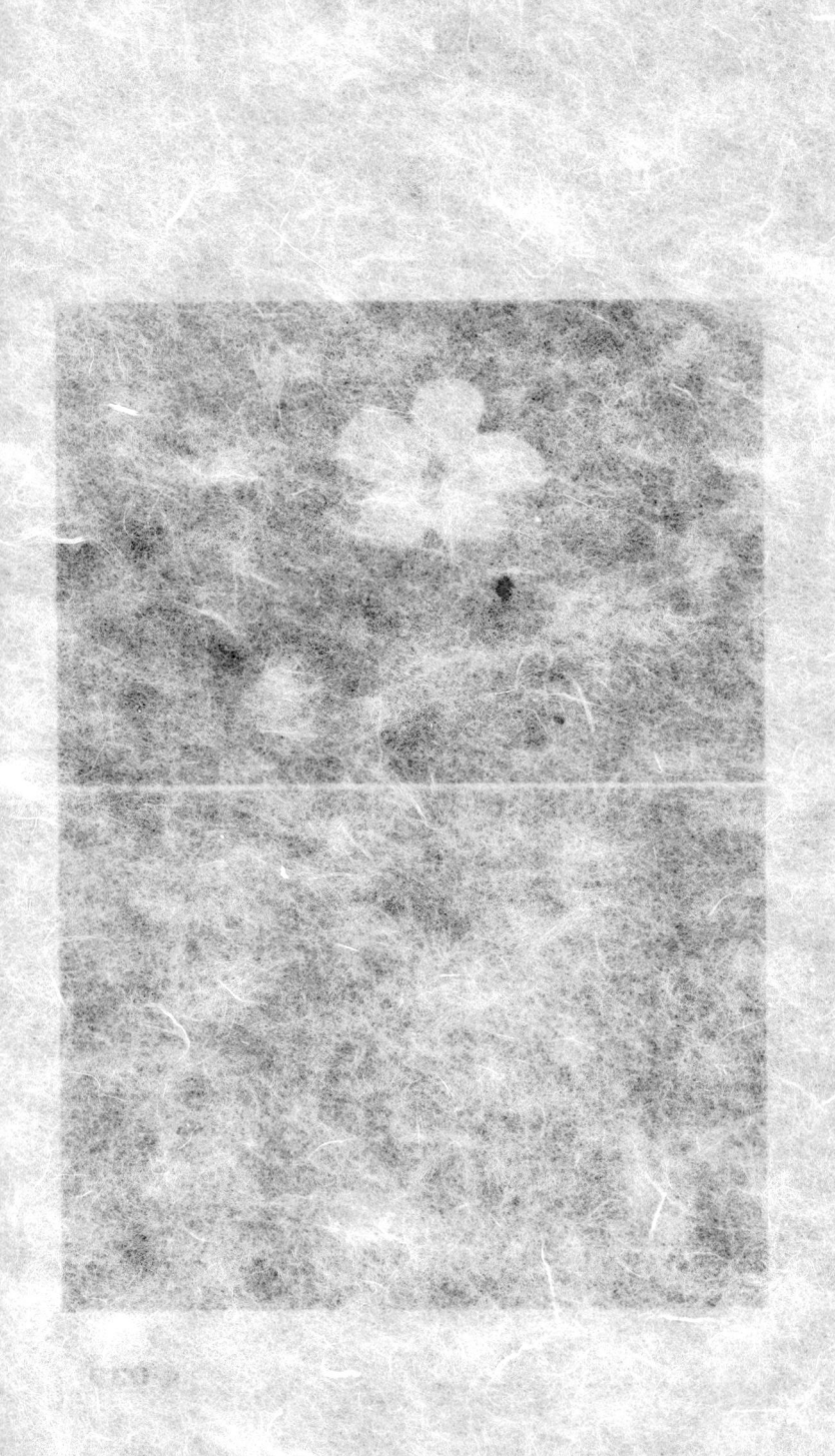

휴식

화분에 있는 앙증맞은 꽃이

발길을 붙잡기에.....

그럴 땐 잠시 쉬어가는 것도 좋으리라.

꽃들은

꽃들은

모두 섞여도 잘남과 못남을 견주지 않고

함께 모여도 앞과 뒤를 다투지 않으며

모두 달라도 모양과 색을 비교치 않더라.

■ 사진 - 다른 모양과 다른 색의 꽃들이 모여 있어도 모두 아름답다.

일일시호일(日日是好日)
- 나날이 좋은 날 -

꽃잎은 지지만

연밥과 연 씨는

더욱 영글어 갑니다.

젊음과 아름다움이

비록 스러질지라도

포용력과 슬기로움은

더욱 영글어 갈 것입니다.

젊고 아름다운 시절도 좋지만

원만해지는 시절 또한 귀합니다.

▣ 자유롭고 싶다면 어느 한쪽에 집착하지 말 것. 행복해
지고 싶다면 이것과 저것을 나눠 비교하지 말 것.

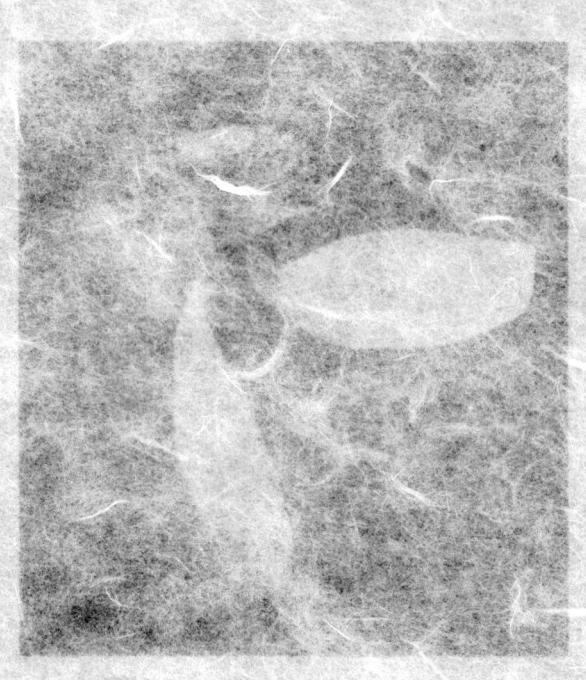

감춰진 것들

풀밭을 꽃밭이라고는 하지 않는다.
그렇다고 풀밭에 꽃이 없다는 뜻은 아니다.
중생을 성현이라고는 하지 않는다.
그렇다고 중생 성품에 성현이 없다는 뜻은
아니다.

■ 사진 - 해 질 녘 뜰의 풀밭에서 매크로렌즈로 촬영한 2~5mm의 꽃들.

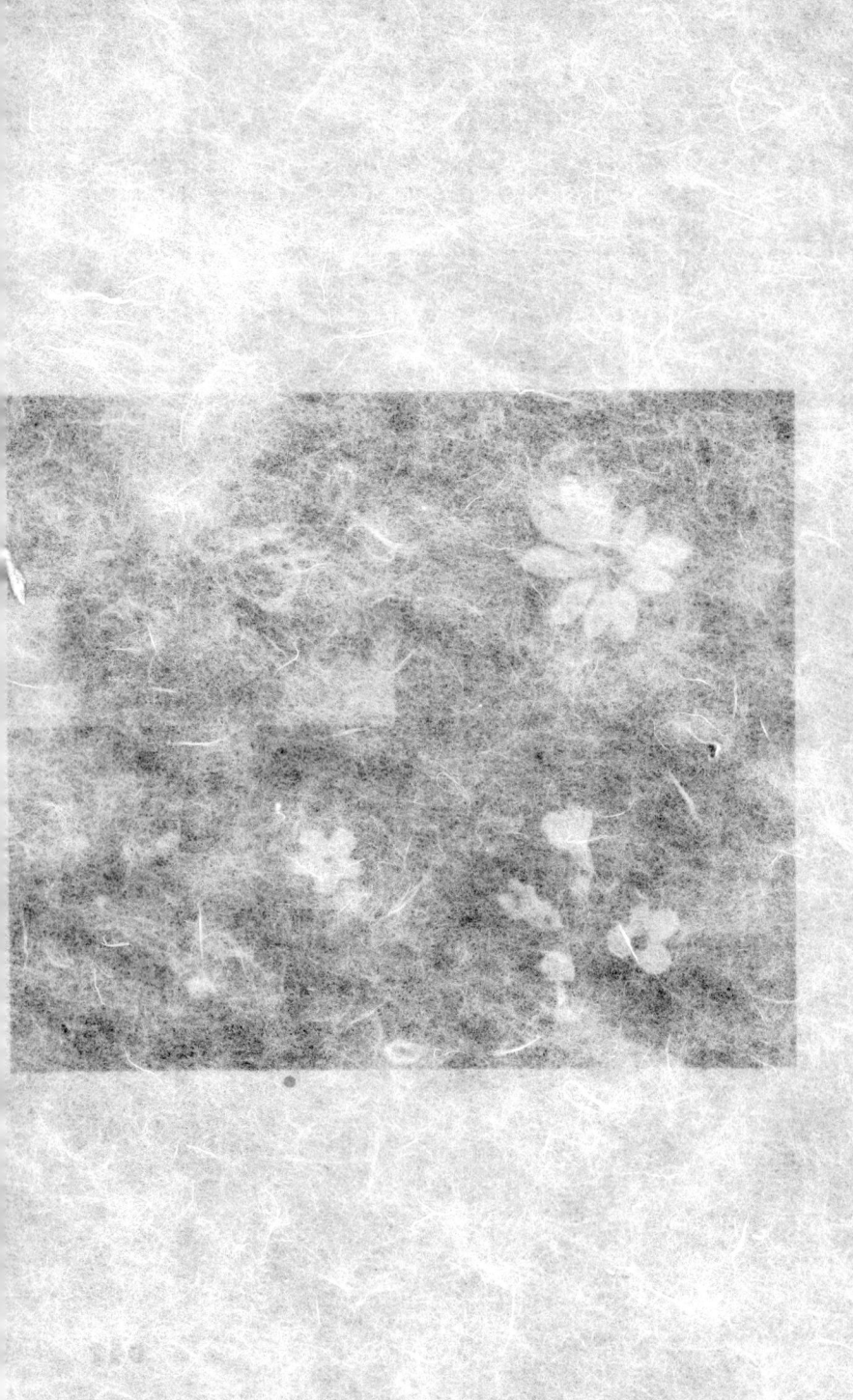

진면목(眞面目)

수련(睡蓮)은

잎이 나기 전에도 수련이고,

꽃이 피기 전에도 수련이며,

꽃이 활짝 피어도 수련이요,

꽃이 진 뒤에도 수련이며,

잎이 마른 뒤에도 수련이다.

◼ 사진 - 겨울 준비에 들어간 수련(睡蓮) - 파주 벽초지(碧草池) - 2016년 10월 13일 오후 촬영

천천히 제대로 살피기

앞에 있는 사람이나 사물이
별 볼 일 없는 것처럼 보일 때는
그 뒷면을 살펴보는 것도 좋을 것입니다.
겨울 산야에 씨앗을 터트린 뒤 남은 쭉정이도
햇빛을 투과한 뒷모습을 보면
아주 멋진 꽃이 될 수도 있답니다.

◾ 우리는 사람이나 물건이나 어느 단면만을 보고 평가하는 경향이 있습니다. 만일 그 단면을 대상의 전부라고 생각해 버린다면, 우리는 그 대상의 아름다움을 미처 보

지 못한 채로 떠나게 될 지도 모릅니다. 그가 만일 나의 지음(知音)이나 지기(知己)가 될 수 있는 사람이었다면, 그를 알지 못하고 떠난 것이 얼마나 큰 손실일까요.

일신우일신(日新又日新)
- 날마다 새롭다 -

끝없이

새롭게 피어나야

아름다운 삶이다.

◾ 사진 - 소나무 새 순을 역광으로 촬영한 것.

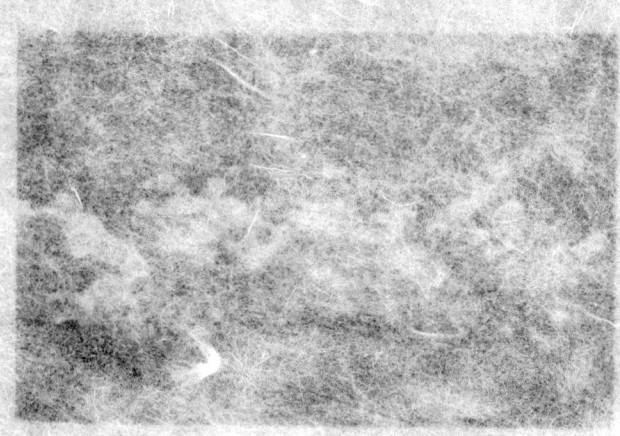

관계(인연-因緣)

지혜로운 이는

애쓰지 않아도 멋진 인연 찾아오고

집착 많은 이는

부질없이 애써서 복잡한 인연 만들며

어리석은 이는

나쁜 언행으로 인연 끊겨 외톨이가 된다.

■사진 – 개화산 한적한 곳에 핀 매화

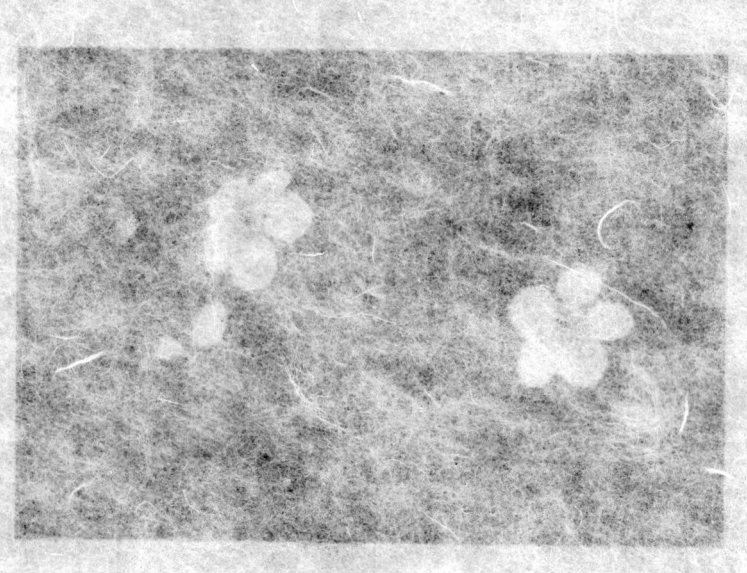

화광동진(和光同塵)
- 빛이 되어 함께하다 -

세상과 조화를 이룬다고

자기 모습을 잃는 것은 아니다.

◾ 사진 - 레스토랑 벽면에 걸린 유화 작품과 그 앞 탁자에
놓인 꽃꽂이를 동시에 촬영한 것.

꽃을 들다

지은이	시우송강
펴낸곳	도서출판 도반
펴낸이	이상미
편집	김광호, 이상미
대표전화	031-465-1285
이메일	dobanbooks@naver.com
주소	경기도 안양시 만안구 안양로 332번길 32
ISBN	978-89-97270-57-6
	50,000원

*이 책은 저작권법에 의해 보호를 받는 저작물이므로
 무단 전재와 무단 복제를 금합니다.